AF224622

UNE VOIX DU PACIFIQUE

PRINCIPES

RÉPUBLICAINS

I. DIEU — RELIGION

II. LA RÉPUBLIQUE ET LE SUFFRAGE UNIVERSEL

III. CONSTITUTION POLITIQUE

JUSTICE ET VÉRITÉ.
—"*La Place.*"

SAN FRANCISCO
Louis Grégoire & Cie., Libraires-Éditeurs
1879

UNE VOIX DU PACIFIQUE

PRINCIPES

RÉPUBLICAINS

I. DIEU — RELIGION

II. LA RÉPUBLIQUE ET LE SUFFRAGE UNIVERSEL

III. CONSTITUTION POLITIQUE

JUSTICE ET VÉRITÉ.
—"*La Place.*"

SAN FRANCISCO

LOUIS GRÉGOIRE & CIE., LIBRAIRES-ÉDITEURS

1879

Les quelques pages qui suivent ont été écrites à la suite
des événements de 1870.

Confiées pour publication à différentes personnes, et
même envoyées à un journal de Paris dont le titre provoque
au ralliement, il en coûte peu à notre amour-propre de déclarer que nous sommes encore, après six ou sept ans écoulés, à
en recevoir les premières nouvelles.

Bien que cette circonstance ne soit pas une recommandation auprès du public, nous avons enfin pris le parti de faire
imprimer nous-même cet opuscule, croyant encore à son
utilité et à son à-propos, sur quelques points, pour le résultat de la campagne de 1880.

Ayant quitté la France depuis fort longtemps et sans
doute pour toujours, nous nous intéressons néanmoins à ses
destinées, qui, à nos yeux, sont celles du genre humain tout
entier.

La France seule, de tant de nations, résoudra rationnellement la question religieuse, politique et sociale, car
seule, selon nous, elle est douée d'un tempérament philosophique.

Les Etats-Unis de l'Amérique du Nord se sont trouvés
en face de la question de l'esclavage. Ils l'ont résolue à
l'aide du fusil, en violant le principe même qui faisait la
base de leur confédération. Ils sont aux prises maintenant
avec la question du travail libre, et ils s'apprêtent à la
résoudre avec la même brutalité.

Le jésuitisme a creusé aux Etats-Unis les plus belles
taupinières. Son succès y est tel que les Américains se rassu-
rent en tenant le danger en un profond mépris. Le fameux
journaliste réformateur Greeley en se berçant de l'espoir

enfantin que son "Sauveur" vivait; et Bennett, le non
moins fameux journaliste ecclectique en apparence, a rendu
le dernier soupir en serrant une médaille ultramontaine
dans sa main.

Il n'y a rien à attendre d'une aggrégation d'hommes
névralgiques dirigés par des journalistes félons ou bornés,
influencés par des femmes hystériques, prêchés par des ministres aux abois, ~~placés~~ qu'ils sont entre le Papisme et le
Spiritisme, qui se sont peut-être entendus pour désagréger
le Protestantisme, lequel n'avait déjà pas trop de cohésion.

C'est donc à la France des Turgot, des La Place, des
Dupuis (*), des Charles Fourier qu'il faut donner notre
sympathie, nos encouragements, notre appui; car elle est la
servante dévouée de l'Idéal, l'amante éprouvée du Bon, du
Beau, du Vrai.

Papeete, septembre 1878.

(*) L'obscurantisme est parvenu à faire mésestimer le lumineux Dupuis, et cependant toutes
les découvertes archéologiques modernes confirment son grand ouvrage sur l'Origine de
tous les Cultes, qui, en bonne logique, devrait remplacer dans tous les colléges l'absurde My-
thologie qu'on y enseigne sur l'autorité de l'imagination des poètes.

I.

DIEU — RELIGION.

Si quelqu'un vous parle de justice dans un
autre monde, examinez s'il n'a pas intérêt à vous
faire tolérer, accepter ou souffrir quelque injus-
tice dans celui-ci.

Une grande clameur domine tous les bruits : le mora-
liste le plus imberbe se félicite d'avoir trouvé le remède à
tous nos maux en s'écriant, tout chaud encore d'un viol
quelconque du Décalogue : " Il faut de la religion, il faut
croire en Dieu ! " Un général breton qui s'était acquis une
certaine réputation en maniant la plume, et qui depuis s'est
rendu fameux pour n'avoir pas su faire sortir du fourreau
la flamboyante épée de Paris, a même demandé, avant
d'accepter sa part de responsabilité dans un gouvernement
de circonstance, de lui *garantir* Dieu, en compagnie de deux
ou trois autres commodités sociales.

Mais si chacun est d'accord sur la nécessité d'une religion
et la croyance en un Dieu, la dispute commence aussitôt
qu'on veut aller au fond des choses. Quel Dieu faut-il
adorer ? Est-ce Jupiter, le Dieu de toutes les intempéran-
ces ? Est-ce Jehovah, le Dieu de toutes les fureurs ? Quelle
religion faut-il pratiquer ? Est-ce la juive, la musulmane ?
Est-ce la chrétienne ? Cette dernière l'emporte en effet dans
tout le monde occidental. Voyons donc sous quelle forme
elle se présente à notre esprit dans son aspect le plus saisis-
sable, la doctrine catholique.

Soyons bref. Comme dogmes fondamentaux, cette religion nous offre la Chute et la Rédemption; comme témoignages de sa mission divine, les miracles; comme sanction

de sa morale, le Paradis et l'Enfer. Or, ces dogmes, ces témoignages, cette sanction sont pour nous des sujets de *division* par excellence et non de *religion*. Les dogmes sont absurdes, les témoignages douteux ou n'ayant pas la portée qu'on leur attribue communément; quant à la sanction, elle est enfantine ou abominable.

LES DOGMES SONT ABSURDES.— Nous écartons de la discussion la partie, pour ainsi dire, matérielle de la Création, telle qu'elle est narrée dans la Bible (par exemple, le soleil formé après la terre, le père apparaissant après sa fille, etc.); nous n'envisageons ici que la chute de l'homme et la doctrine qui en découle. Dieu donc crée l'homme d'une façon assez grossière et forme la femme, son chef-d'œuvre, d'une manière passablement cruelle. Puis il les place dans un lieu de délices. Il leur permet d'user de tout, excepté de manger d'un seul fruit. La désobéissance devait entraîner la mort; et la défense, bien entendu, provoque la transgression. Donc l'homme *tombe* fatalement, mais Dieu l'épargne, grâce à l'intervention d'une *deuxième personne* divine, son Fils unique, qui s'offre généreusement comme victime expiatoire. Dieu le Père accepte la transaction; néanmoins il condamne provisoirement Adam et toute sa race aux souffrances, à la maladie, à la mort.

Le genre humain, ainsi dégradé, se pervertit de plus en plus en se multipliant, et enfin, Dieu, fatigué et irrité, envoie un déluge universel qui anéantit du coup tous les habitants de la terre, sauf une seule famille. Que devient, dans cette conjoncture, Dieu le Fils? C'était là pourtant une occasion légitime d'intervenir, de rappeler le Père à sa promesse. Mais, passons :

A la suite de cette immense catastrophe, Dieu, malgré son mécompte avec l'unique couple issu directement de ses mains, se choisit un peuple favori par l'intermédiaire duquel toutes les merveilles doivent se manifester. Mais on peut dire que ce peuple n'a été choisi que pour souffrir. Ces souffrances sont telles que, comme tous les malheureux, il espère un Sauveur. Puis, lorsque ce Sauveur arriva, il le méconnaît. On pouvait s'y méprendre. Le peuple juif comptait sur un conquérant pour le venger de toutes les humiliations qui avaient été son lot pendant une longue suite de siècles. Il ne pouvait le reconnaître dans un pacifique ouvrier charpentier, fils de charpentier, et qui, entre autres choses, s'en allait répétant dans les villes et bourgades de la Judée que son royaume n'était pas de ce monde. Il n'était pas, en effet, le saveur national espéré, mais bien ce Rédempteur qu'un verset équivoque de la Genèse annonce comme devant écraser avec son talon la tête du serpent. En un mot, c'était Dieu le Fils, incarné dans le sein d'une Vierge par l'opération du Saint-Esprit, la *troisième personne* divine, et qu'on a vu jadis s'offrir à son Père pour racheter l'Humanité du péché originel et nous replacer dans notre état primitif de bonheur et d'innocence.

Admirez la logique du procédé! Adam viole inconsidérément, en cédant à l'invitation d'une compagne à laquelle l'homme ne peut ou ne doit rien refuser, ce que nous appellerons un réglement de police, et Dieu le Père veut l'exterminer; mais ses descendants, délibérément, et en en revendiquant insolemment la responsabilité, égorgent son propre fils, Dieu comme lui, et voilà qu'il les reçoit en faveur et les admet à merci!

Mais examinons si, même en ce sens, le sacrifice a eu de l'efficacité: Adam, en péchant, a entraîné dans sa chute toute sa progéniture; le Paradis a disparu comme par enchantement, pour faire place aux ronces et aux épines. Un Dieu se présente pour expier la faute. Sans compter les souffrances sans nombre endurées déjà par l'Humanité elle-même, on épuise sur Jésus toutes les atrocités du crucifiement. La singulière justice de Dieu le Père avait, ce nous semble, tout lieu d'être satisfaite.

Au moment donc où l'inoffensive victime du Golgotha baissait la tête et s'écriait: "Tout est consommé!" le Dieu de la Bible, celui qui a dit : “Que la lumière soit!” et la lumière fut, devait en un clin d'œil renouveler la terre. Il devait précipiter le Tentateur, le rusé serpent, le *Diable* enfin, puisqu'il faut l'appeler par son nom, au fond de l'abîme, et sceller à tout jamais l'ouverture du gouffre; les ronces, les épines, les lieux désolés devaient disparaître pour faire place au paradis restauré; enfin l'homme, rentré en grâce, devait être exempt de la maladie, affranchi de la mort par le pur effet et comme conséquence obligée de l'acte de rédemption qui venait de s'accomplir d'une manière aussi solennelle. Adam avait perdu le monde au moral comme au physique; Jésus devait ~~restaurer~~ toutes choses dans leur état primitif.

Eh bien! qu'on lise l'histoire à partir de notre ère; qu'on relise l'histoire de celle qui lui est antérieure ; qu'on balance les calamités de la nature, les forfaits et les cruautés des hommes d'avant et d'après, et que l'on détermine de quel côté le plateau penche, et si Dieu le Père a observé les termes du contrat. Si la Chute est réelle, la Rédemption ne l'est pas, du moins par Jésus, qui est mort en vain.

Nous esquissons ici à grands traits ces dogmes étonnants. Il faudrait des volumes pour exposer d'abord et réfuter ensuite toutes les billevesées que certains hommes doués souvent d'un très-grand talent et d'une haute vertu ont débitées sur ce thème brahmanique greffé sur l'hallucination juive par l'imagination grecque.

Mais ce qui ajoute encore à la confusion, c'est que l'Eglise romaine ne craint pas d'aller directement à l'encontre de certaines affirmations catégoriques des livres prétendus saints. Prenons comme exemple le cas de la Vierge Marie. On lit dans Matthieu, I, 24-25 : “Il (Joseph) prit sa femme (Marie), mais il ne la *connut* point *jusqu'à* ce qu'elle eut enfanté *son premier-né* Jésus.” Donc, pour nous servir de l'expression consacrée, il la *connut* APRÈS, et le *premier-né* en suppose un *second,* sinon un troisième. C'est déjà bien concluant, mais c'est encore corroboré par ce passage, entre beaucoup d'autres (Matthieu, XII, 46-47): "Comme Jésus "parlait encore au peuple, SA *Mère* et SES *frères*, qui étaient "dehors, demandèrent à lui parler, et quelqu'un lui dit : " Voilà, TA *mère* et TES *frères* sont là dehors qui demandent "à te parler." Le texte est formel, mais on a prétendu que *frère* ici veut dire *cousin*. S'il en était ainsi, mère, alors, dans le même passage, voudrait dire *tante*. La science, sortant enfin de sa complaisance habituelle, a prononcé. Elle a déclaré par un organe autorisé que le mot employé dans le texte original pour *frère* signifiait tout simplement *frère*. Le Saint-Esprit a donc eu un compère dans l'humble, mais heureux saint Joseph. Néanmoins Marie, selon l'Eglise romaine, est Vierge, toujours Vierge. Hélas! ne pas l'être est donc un crime, et voilà toute l'Humanité flétrie ! Notre siècle a eu le privilége d'assister à la confirmation de cette insulte; elle lui a été lancée à la face par un corps de célibataires décrépits qui n'a pas reculé devant l'impudeur de proclamer le dogme de l'IMMACULÉE *Conception*. Toutes les autres conceptions, celles auxquelles le genre humain doit de se perpétuer, sont donc *souillées !* Et ce sont les femmes qui, en général, font la fortune de cette religion, laquelle en rendant à une mère exceptionnelle un culte idolâtrique, outrage du même coup toutes les autres mères, qui n'ont pas eu la faveur des visites du Saint-Esprit, la troisième personne de la Trinité !

Eh bien! on le demande, le bon sens humain est-il assez éprouvé? Peut-on imaginer, pour expliquer la présence du mal physique et moral sur la terre quelque chose de plus absurde, de plus humiliant et à la fois de plus audacieux? Malgré un endoctrinement dix-huit fois séculaire, malgré les obstacles de tous genres suscités par les pouvoirs temporel et spirituel, l'esprit humain a toujours protesté et protestera toujours contre cette *religion* qui ment à son nom et n'a jamais été qu'une source de *division*. Hostile à la raison, ennemie de la science, ce n'est qu'une monstrueuse erreur destinée, il faut *le* croire, dans le plan providentiel, à nous exciter à découvrir toutes les vérités par les obstacles qu'elle sème sur la voie du progrès. C'est le seul bienfait qu'on lui doive; nous admettons volontiers qu'il est immense.

« Mais, objectent ses partisans poussés à bout, nous ne donnons pas notre religion comme étant conforme à la raison, nous la prêchons comme un fait prouvé par des témoignages. »

TÉMOIGNAGES DOUTEUX.—Les miracles sont revendiqués, supposés même par toutes les croyances de l'espèce, mais étant d'ordre purement subjectif, ils échappent à la preuve et fuient la lumière. Ils n'entraînent la conviction que chez ceux qui sont déjà convaincus. Au reste, depuis les phénomènes *constatés* du Spiritisme, ils ne prouvent plus la divinité absolue et exclusive d'une doctrine. Ce sont des faits rares, il est vrai, mais qui se produisent quand certaines conditions sont réalisées. Leur accomplissement n'implique pas l'intervention d'une volonté divine personnelle et actuelle. Un thaumaturge peut se former, la constitution du sujet aidant, absolument comme un boxeur, par voie d'entraînement; et Jésus lui-même en a donné la recette. (Marc, IX, 29.) Les éléments de la puissance morale rayonnent du foyer central qui les engendre à travers l'Univers comme les éléments de la force physique : il s'agit de absorber et de se les assimiler par l'exercice.

Les imperfections reconnues des livres dits saints indiquent assez qu'ils ne sont pas l'œuvre directe de la sagesse divine. En général, l'interprétation qui en est faite pour en extraire la donnée catholique est vaine, forcée, subtile et contre le sens littéral et ambiant. Donc, comme tout produit de l'esprit humain, ils peuvent contenir et contiennent en effet des vérités de tout ordre comme aussi des erreurs de tout genre. La critique judicieuse ne peut accepter certaines circonstances des faits qu'ils relatent. Il se peut que Moïse ait traversé la mer à pied sec, sans admettre que les flots se soient écartés à son commandement; il se peut que le pharaon d'Egypte ait été englouti avec toute son armée, sans croire que les flots se soient repliés sur l'injonction d'un homme. Et ainsi de tous les événements de cette classe. Quant à Lazare ressuscité, où est-il? Jésus, qui était son ami, n'a pu le tirer du sépulcre pour l'y laisser retomber une deuxième fois. On ne dit pas qu'il soit monté au ciel avec lui. S'il avait été ressuscité, il existerait encore aujourd'hui pour porter témoignage de la puissance du Verbe fait Homme.

Lorsqu'un fait est historique, les auteurs des livres hébreux ont pu en avoir connaissance tout comme les écrivains appelés profanes; mais alors il faut que la relation qu'ils en font soit conforme aux lois immuables qui régissent l'univers. Si leur récit, au contraire, est légendaire, c'est-à-dire ornementé, amplifié, merveilleux, nous soutenons que la raison est dans son droit de ne pas reconnaître l'autorité d'une doctrine qui les invoque pour réclamer et légitimer notre obéissance.

Cependant, qui admet comme authentiques ces témoignages improbables et croit aux dogmes outrageants de la Chute et de la Rédemption, gagne le Paradis; celui qui les conteste ou nie, a l'Enfer en partage.

SANCTION ENFANTINE OU ABOMINABLE. — Gouverner les hommes par l'appât ou la crainte; faire des égoïstes et des êtres vivant de vertus négatives, ou des peureux et des hypocrites, tel est le caractère principal d'une croyance qui ajourne la justice à un autre monde. Elle a été la pierre d'achoppement des sociétés du passé. Par le fait que les hommes de sentiment, toujours les mieux doués, se sont abandonnés à la contemplation ou résignés à vivre d'abnégations, le monde a été livré sans contrepoids aux hommes de sensation et de connaissance. Or, les uns ne redoutaient guère qu'à l'heure de leur mort le châtiment évoqué de l'enfer; quant aux autres, ils devaient être peu sensibles à la jubilation oisive du paradis. La soumission à la loi religieuse révélée n'était donc que partielle ou factice, et malgré les signes extérieurs, le cœur de l'homme était resté cruel.

On dit que notre civilisation est issue du christianisme : oui, en s'en détachant. Lorsque cette croyance sortit triomphante du chaos de ses origines, il se fit une nuit profonde dans le monde occidental. Le progrès n'était pas d'avancer, mais de reculer. Le but, c'était le point de départ, c'est-à-dire l'impossible. Pour réaliser l'idéal enseigné, il fallait s'abstenir de vivre. La perfection, c'était l'annihilation. L'homme était *honteux* de lui-même : il se *mutilait*. Mariez-vous, vous faites bien; ne vous mariez pas, vous faites mieux! De cet immense contresens, de cette universelle contrainte devaient résulter, et il résulta en effet des monstruosités sans exemple. Et l'humanité fourvoyée ne reprit sa marche ascendante qu'alors que le fil philosophique, rompu violemment par l'invasion de cette aberration fatale, se renoua aux sources rationnelles à l'époque si bien nommée de la Renaissance.

Cependant, c'est sur de pareils dogmes, sur la foi de pareils témoignages, l'espoir d'un tel paradis et la crainte d'un d'un tel enfer, que les sociétés modernes, ou plutôt leurs gouvernements, veulent fonder leur conservation. Ah! c'est que nos adversaires sont habiles! Lorsqu'ils ont vu que les peuples allaient échapper à leur abrutissante domination, ils ont cherché et trouvé un moyen de retenir ces gouvernements dans leur alliance. Le moment est solennel : il s'agit du dégagement d'une vérité importante. Ecoutez, vous allez avoir la clef des révolutions qui commencent avec la satisfaction d'un devoir accompli, d'un droit acquis, et qui se terminent dans la désolation, au milieu des ruines et des crimes.

On a souvent parlé du secret du jésuitisme. Il est facile de le surprendre. La dangereuse Compagnie n'a-t-elle pas été fondée expressément pour faire échec à la liberté?

Eh bien, voici ce secret formidable dans sa simplicité, son énergie, son efficacité, et que chacun en fasse son profit : *C'est de compromettre la cause du progrès vis-à-vis des gouvernements établis ou à établir.*

Républicains, comprenez-vous enfin pourquoi, au lendemain d'une victoire, vous êtes entourés, débordés, poussés dans l'absurde, l'impossible, l'odieux, enfin écrasés si vous résistez et déshonorés si vous cédez ? C'est que le jésuitisme est à l'œuvre. Vous criez : *Vive la République!* cri assez large pour résumer tous les droits, tous les devoirs de l'homme; le jésuitisme fait ajouter par ses instruments aveugles : *Démocratique et Sociale!* ce qui sème l'épouvante et vous fait courir sus. Vos excès, c'est-à-dire les excès commis en votre nom, font son espoir et son succès. Impuissant contre la Raison, (cette autorité légitime et souveraine contre laquelle il conspire et lutte incessamment,) il spécule sur toutes les folies pour l'empêcher de l'emporter contre la Foi, qui n'est, en somme, que la science attardée. Après Février, vous aurez Juin; après Septembre, vous aurez la Commune dévoyée. Le crime doit être attribué, non à la République, qui en souffre, mais aux prétendants de toute couleur, favoris du jésuitisme, qui en profitent et cherchent à pêcher une couronne en eau trouble.

N'imaginez pas que nous donnons une importance de fantaisie au jésuitisme. Cet ordre est tout puissant par son organisation, sa discipline et ses maximes. Précipité du pouvoir en 1830, il s'est depuis, une fois revenu de sa frayeur, mis à courtiser le peuple; il s'est insinué dans tous les rangs, dans toutes les professions. Il s'est emparé de l'instruction, de l'éducation. Son influence a été assez grande pour faire fausser jusqu'à la science. En voulez-vous une preuve aussi évidente que singulière ? C'est le triomphe même du polémiste Veuillot. Si ce journaliste avait rencontré sur son chemin un seul homme au courant de la question, et qui eût étudié la soi-disant religion dans ses théologiens et même dans ses philosophes *libéraux*, il ne serait jamais parvenu à l'autorité dont il jouit. Ce fanatique gouailleur a carrément affirmé les dogmes catholiques, poussé à bout leurs conséquences, mettant audacieusement à profit les décevants paradoxes de notre compatriote Joseph de Maistre; tandis que ses adversaires, dédaigneux ou distraits, souvent ignorants et quelquefois complices, se contentaient de tailler certaines branches qui repoussaient toujours, au lieu de frapper au tronc dont la chute eût entraîné tout le reste. Si la science absolue voulait sortir de sa retraite ou de sa réserve, où en serait, par exemple, la Genèse, base de toute la doctrine? Une seule branche des connaissances humaines, l'astronomie, la réduirait à néant. Comparez l'*hypothèse* de La Place, admise par toutes les sommités scientifiques modernes, avec la *révélation* de Moïse. Vous n'aurez pas besoin de chercher de quel côté est la vérité : elle apparaîtra toute seule avec éclat. Tandis que les faits confirment de plus en plus la justesse de la déduction de l'immortel géomètre, ils font, comme conséquence, toujours de plus en plus ressortir l'absurdité de la narration du fameux législateur hébreux.

Oui, Français, il faut un Dieu, mais le Dieu qui ne se contredit pas, celui de la Raison; oui, sans doute, il faut une religion, mais la religion qui ne divise pas, celle de la science, démontrable partout, et qui, seule, conséquemment, peut devenir universelle. Les faits et gestes du Dieu biblique, malgré les élans d'une poésie plus démesurée que grandiose, révoltent ou épouvantent la conscience humaine : ce Dieu fera donc toujours des rebelles. Les dogmes de la religion révélée répugnent à la raison humaine ou l'outragent : cette religion ne produira donc jamais que des dissensions. La fable juive peut détruire d'autres fables, mais, lorsqu'elle l'emporte, c'est qu'elle trouve plus absurde qu'elle-même. C'est un progrès, mais qui s'arrête là. Loin de civiliser, le catholicisme est un obstacle à la civilisation. L'Asie presqu'entière nous est fermée par suite de ses prédications insensées. Le bonze et le brahme repoussent avec horreur le prêtre catholique; c'est à bras ouverts qu'ils accueilleraient le savant. Si même les missionnaires font quelques prosélytes sérieux, c'est sous le couvert de la science; mais s'il leur arrive parfois d'éclairer, c'est toujours dans le secret espoir d'obscurcir ensuite. Ne pouvant plus s'opposer au flot toujours montant des connaissances, ils minent le sol pour l'attirer le faire disparaître dans leur ténébreux souterrain.

Où ne portent-ils pas le trouble? Abusant de l'ignorance des masses, ils engendrent partout des dangers. Leur insolence et leurs outrecuidantes prétentions provoquent leur massacre et retardent d'autant le développement des sentiments fraternels parmi les nations. En Europe, ils seraient des perturbateurs de la pire espèce s'ils prêchaient contre les mœurs, les lois et les religions établies; en Chine ou ailleurs, ce sont des martyrs.

Livrant bataille au monde dans ses passions naturelles, dans ses désirs et aspirations légitimes, ils font dévier l'Humanité de sa voie. A la jouissance des dons célestes, ils substituent la mortification de la chair et l'anéantissement de l'esprit. Ils proscrivent l'amour, le civilisateur, le paraclet par excellence, et qui, seul, fait communier la créature avec le Créateur. Ils étrangent le couple humain. Ces célibataires vénèrent ou plutôt adorent la Vierge, mais ils méprisent la Femme : ils considèrent son contact comme impur, et toute leur énergie est tournée à combattre l'aimable féminin. En ne voulant voir dans l'homme qu'un reproducteur béat et dans la femme qu'une femelle passive, active seulement à voiler ses charmes, à paralyser ses attraits, ils portent celui-là à se faire une compagne de la pipe ou de la bouteille, ils obligent celle-ci à se réfugier au couvent, où elle s'étiole ou se déprave en vaines ardeurs pour un époux mystique.

Leur culte est une représentation théâtrale. Les pauvres choisis dont ils lavent les pieds les ont déjà propres. Ils ne pratiquent pas la Cène, ils la parodient. Du dernier repas de Jésus, ils ont fait une panolâtrie sans nom. L'homme fait par Dieu fait Dieu à son tour et en quantité illimitée : il lui suffit pour cet objet d'un peu d'eau et de farine, quelques gouttes de vin, force signes de croix, certaines paroles et des génuflexions à écœurer les anges. *L'Eglise* n'est plus composée que de prêtres ; les laïques n'apparaissent que pour leur tirer la langue, afin d'y recevoir une hostie qui, si elle se *colle* au palais, doit en être détachée avec cette même langue sans oser y porter les doigts. Puisque les anciens augures en étaient arrivés à ne pouvoir se regarder sans rire, le temps est plus que venu pour les prêtres modernes de ne pouvoir se rencontrer au pied des autels sans rougir.

Ils ne sont pas les disciples de Jésus; ils sont simplement les continuateurs des pontifes païens, dont ils ont pris la défroque. Le christianisme, tel qu'il peut résulter du texte des Évangiles, a été dénaturé du jour où le prêtre, son ennemi mortel, s'en est emparé. Les oripaux, les momeries, tout ce qui reposait sur la doctrine barbare de l'expiation, remplacèrent alors la religion du cœur et de l'esprit enseignée par le maître aimable auquel la philosophie moderne a rendu son vrai caractère et que ses prétendus ministres étaient parvenus à faire haïr. Qui serait étonné en entrant dans Saint-Pierre de Rome un jour où le Pape officie ? C'est Jésus. Sa surprise augmenterait, si on lui disait—il ne pourrait le deviner—que les cérémonies qui s'y font sont sa religion et que le Saint-Père est son représentant. Il n'en croirait ni ses yeux ni ses oreilles et se retirerait bien confus. Et les soldats qui fléchissent le genou et présentent les armes au Pape se demanderaient peut-être, en voyant passer le Sauveur du Monde devant leurs rangs immobiles, si cet homme à robe rouge, au maintien si grave et en même temps si doux, ne serait pas un partisan de Garibaldi sur lequel la police ferait bien d'avoir l'œil ouvert.

Français, votre salut n'est pas dans ce Dieu qui jongle avec ses lois et souffre le Diable comme auxiliaire ; il n'est pas dans cette prétendue religion qui provoque incessamment et comme à plaisir l'esprit humain à la combattre. Loin d'être votre salut, cette croyance fait votre danger, votre faiblesse, votre misère. Les hommes de prière coûtent cher — matériellement, moralement et intellectuellement. Ils en ont à votre bourse comme à votre cerveau. Souffrir dans ce monde avec l'espoir de jouir dans l'autre; se livrer à la contemplation au lieu de travailler ; attendre d'une intervention miraculeuse de la Providence le succès de telle ou telle entreprise, c'est jeter la perturbation dans toutes les relations sociales et renoncer à exécuter sa part du labeur commun. L'État a pour devoir de se séparer sans hésiter d'une pareille institution, non parce qu'elle est la religion, mais parce qu'elle est l'erreur, s'il ne veut partager l'aversion qu'elle inspire partout où la raison exerce ses facultés.

Les principes de morale reposent sur quelque chose de plus compréhensible que des mystères, de plus certain que des promesses ou des menaces ultramontaines, de plus consistant que des contradictions, de plus positif que des subtilités. Déduits de sensations observées, de sentiments éprouvés, ils sont susceptibles de la démonstration la plus convaincante. Ils constituent l'homme tout entier. S'en départir, c'est manquer aux lois de sa nature et de sa destinée, et tout alors se transforme en résistance ou réaction pour vous y ramener. Dieu a gravé sa loi non sur une pierre, mais dans chaque créature. L'homme le plus dépravé ne l'ignore pas, et il lui rend le plus bel hommage en se cachant pour la violer. Que sert donc de la connaître s'il y manque ? Ah! c'est qu'il est borné et n'apprécie qu'imparfaitement la portée de ses actes. Il voit une satisfaction immédiate, et il cède, malgré la crainte du Diable ou celle du gendarme.

Il faut donc jeter de la lumière sur les effets et leurs causes. Éclairez les esprits. Affirmez et prouvez que tout tort fait à soi ou aux autres ne reste jamais impuni ; que le

châtiment est infligé dès cette vie même, malgré des appa-
rences qui pourraient faire croire le contraire. Il n'est pas
de masque possible pour la conscience. L'homme doit
aimer Dieu — l'idéal du Bien, du Beau, du Vrai — avec
un complet désintéressement ; il doit honorer ses parents,
respecter son semblable dans son existence, sa propriété, ses
affections, sans espérer le Paradis, sans craindre l'Enfer —
ces deux chimères.

La doctrine catholique, se trompant sur la vie, se mé-
prend, par suite, sur la mort. Elle fait de celle-ci un châtiment et surtout un épouvantail, alors qu'elle n'est que la
condition nécessaire et rigoureuse du progrès. Sans la
mort, la volonté de la créature l'emporterait peut-être sur
le dessein du Créateur, qui ne pourrait plus arriver à ses fins
qu'en violant la liberté, ce noble apanage de l'homme.
Avec la mort, les êtres ou imparfaits ou rebelles sont incessamment replongés dans le creuset pour faire place à
d'autres êtres plus sensibles à l'influx divin. Mort et nais-
sance sont deux termes inséparables. Dire que la mort est
entrée dans le monde avec le *péché*, quelle ineptie ! Elle
seule a permis à la vie sinon d'y paraître, au moins de s'y
prolonger. Si la géologie, comme toutes les autres sciences
au reste, avait la moindre prise sur ces fanatiques, elle leur
enseignerait que la mort date de millions d'années avant
l'apparition de l'homme sur notre planète. En attendant,
ces amants de l'absurde et de l'horrible exploitent les
terreurs qu'elle inspire aux individus affaiblis par les souffrances ou les déréglements et dont ils ont faussé l'éducation
première par des images et des descriptions hideuses.
Voyez leurs abominables *Pensez-y bien*. La mort est leur
grande ressource. Ils en jouissent avec un entrain vraiment diabolique. Le sublime du genre est la fin de
Voltaire. Ils n'ont rien trouvé mieux que de faire avaler
au philosophe à l'agonie ses propres excréments. Ils ont
des inventions de ce goût. Nous croyons qu'ils ont eu l'art
de faire authentiquer le fait par Tronchin. Cela même

tournerait contre ses persécuteurs. Cela prouverait que l'illustre vieillard était entièrement tombé en enfance, et conséquemment était revenu à l'état d'innocence. On sait en effet que quelques jeunes individus de notre espèce n'ont aucune répugnance pour un pareil festin. La légende de la mort de Lamennais est sans doute en formation. Elle sera produite en temps et lieu. Ils lui feront, à coup sûr, ingurgiter son urine. Sainte-Beuve, malgré son nom, n'échappera pas à leur vengeance. Avant d'expirer, il se sera certainement arraché quelques grammes de chair et dévidé quelques centimètres de boyau, à l'instar des moines du Musée Espagnol au Louvre, pour se faire un saucisson en commémoration de celui qu'on l'accuse d'avoir mangé un Vendredi-Saint.

Français, vous vous êtes bénévolement laissés endoctriner. Votre excuse est que vous n'êtes arrivés à l'ultramontanisme que par le plan incliné du néo-catholicisme, dont les docteurs démocratiques trop écoutés ont été les Roux, les Buchez, les Corbon. Le jésuitisme voulut aussi s'emparer de l'Allemagne à la suite du brillant vernis jeté par l'Ecole romantique sur les mœurs et surtout les édifices du moyen-âge. Mais l'alarme fut sonnée à temps par un vieux philosophe dont les coups vigoureux firent déguerpir des clochers gothiques cette bande de corbeaux aux croassements sinistres. La jeunesse allemande, plus fortunée que la vôtre, s'aperçut à temps qu'on voulait la piper, pour nous servir du mot si juste de Henri Heine ; et elle échappa ainsi à l'énervement qui suit la mauvaise nourriture intellectuelle.

Nous ne voulons pas abuser des circonstances présentes pour établir une comparaison ; mais si jamais la différence d'éducation entre deux peuples s'est manifestée au grand jour, c'est bien dans les événements foudroyants dont la France a été le théâtre et la victime en 1870-71. La nation a trop longtemps subi la conscription qui émascule et les Ignorantins qui crétinisent : on en a vu les effets. Ceux qui avaient pour mission de veiller à l'enseignement public ont manqué à leur devoir par égoïsme ou duplicité. Ils ont eu peur de la science, laquelle assurément ne leur eût demandé que le sacrifice de quelques préjugés. Ils ont cherché le salut dans la foi, dont les ministres portaient la condescendance envers les riches jusqu'à transformer le fameux chameau du trou de l'aiguille en un câble complaisant. L'Université, se manquant à elle-même, n'enseigna plus que des demi-vérités, baffouées encore par la doctrine triomphante, qui allait toujours en s'enhardissant à mesure qu'on faiblissait devant elle. On donna aux instituteurs primaires civils à peine de quoi vivre dans la plus abjecte misère, afin de favoriser l'établissement des congrégations religieuses enseignantes, dont l'œuvre est forcément anti-philosophique. La société civile paie un clergé qui lui fait des ennemis, qui la méprise, qui l'insulte ; elle se montre parcimonieuse envers les seuls hommes qui pourraient lui donner des citoyens.

Nous nous rappelons les rebuffades que nous avons essuyées alors qu'étant jeune, et passant outre à la consigne, nous voulions soulever soit la question politique, soit la question religieuse. C'était partout la même recommandation : " Ne parlons pas religion ! ne parlons pas politique ! " Et chacun de se lever et de fuir l'importun. Il fallait se cacher pour s'occuper des deux seules choses dignes d'entretien. Mais comment donc ! Les hommes les plus sérieux de France, les francs-maçons, s'engagent à ne pas toucher à la politique. De quoi s'occupent-ils donc ? Des modes, sans doute.

Où cette restriction condamnable a-t-elle conduit la nation ? En politique, à l'avortement de Février, au Coup-d'État de Décembre, au vote et à la confirmation de l'Empire. Elle peut la conduire à pis encore, si possible, puisqu'on ignore à ce point les principes qu'on veut faire sortir la monarchie de l'exercice même de la souveraineté du peuple qui en est la négation absolue. En religion, cette

restriction a mené à des pratiques réprouvées par le sentiment comme par la raison, par Jésus comme par Voltaire.
Rappelez-vous, entre autres abaissements du caractère
religieux, l'Impératrice Eugénie allant en grande pompe,
entourée de ses dames d'honneur, l'élite de l'esprit et de la
beauté, déposer une veilleuse de bonne femme sous le nez
sans flair de l'idole de Notre-Dame des Victoires, pour
appeler son intervention en faveur de la fameuse campagne
qui débutait si ridiculement par la prise de Saarbrück.
Elle fit pareille chose, dit-on, pour les campagnes de Crimée
et d'Italie, et le succès relatif des guerres que ces noms
rappellent, l'avait, paraît-il, fortifiée dans sa superstition.
Si une Impératrice, qui devait résumer toute l'intelligence
de son sexe, en était arrivée à agir ainsi, que pouvaient faire
les femmes, ses sujettes? Tout... sauf peut-être des
hommes.

Et, Français, ce sont des hommes qu'il faut pour soutenir
l'éclat d'un nom et continuer un grand peuple. La leçon
terrible infligée récemment ne semble pas avoir porté tous
ses fruits. Vous croyez que c'est l'armée qui vous a
manqué, tandis que ce sont simplement les convictions. Et
comment en avoir? Vos instituteurs cléricaux ne peuvent
plus se dispenser de vous enseigner que la terre tourne,
mais ils le font de manière à vous laisser des doutes même
sur ce point. Ils comptaient jadis sur Euler pour démontrer
le contraire. On n'a de vertu, c'est-à-dire de force, qu'alors
qu'on est le champion d'une idée. Vous battre contre les
Allemands, pourquoi dans ce passé récent? Pour une
influence factice, un équilibre impossible, des frontières
dont, à part le mot vague du Rhin, vous ignorez au juste la
démarcation. Pourquoi dans l'avenir? Pour une revanche...

Tenez, Français, croyez-nous, au lieu de suivre des
errements désastreux et inhumains, au lieu de continuer à
prendre vos enfants pour en faire des soldats, au lieu de
persister à démoraliser méthodiquement la fleur de votre

jeunesse dans les casernes ou sur les navires, et d'y nourrir leur loisir de haine et de rancune, laissez-les à leurs occupations naturelles et productives ; faites de chaque officier capable un instituteur ; faites enseigner non à quelques-uns, mais à tous, ce que chacun peut apprendre ; faites la guerre partout, chez vous, à l'ignorance des esprits, à la misère des corps ; pratiquez enfin la vraie justice. Et si dans dix années la génération issue de cette éducation et de ce traitement veut encore se venger, eh bien ! elle sera à elle-même sa propre armée... Seulement elle offrira aux nations rassurées un spectacle tellement noble et attrayant, qu'au lieu d'en redouter une attaque il n'est aucune d'elles qui ne sollicite l'honneur de son alliance. Si la France a encore un avenir — et l'Humanité serait sans futur si elle n'en avait pas — c'est dans cette voie et par nulle autre.

Napoléon, le Grand, à bout de prodiges et rencontrant la défaite, reconnut que la victoire, en définitive, était pour les gros bataillons. Pourquoi donc engager une lutte où le nombre sera toujours contre vous. Il vous reste une carrière à parcourir, c'est celle de la paix. Elle est illimitée et n'aboutit à aucun désastre. Qui sait ? si vous avez été vaincus, c'est que sans doute vous aviez mieux à faire qu'à aller en guerre. Vous battus — vous la valeur même — la guerre a fait son temps ; elle ne prouve plus rien, si jamais elle a prouvé quelque chose. Ses victoires ne font pas croire en Allemagne : elles ne lui ont conféré aucune vertu attractive. Les peuples vous ont conservé leur cœur; ils vous sont restés fidèles ; ils espèrent toujours en vous — vous, le champion séculaire et désintéressé de l'Idéal — pour établir la Fraternité sur la terre. Car la Force, ce n'est pas le Droit, ce n'est pas la Religion — ce n'est pas Dieu. Le catholique peut l'invoquer ; le chrétien, en tant que type de l'homme civilisé, jamais.

Si un membre éminent de l'épiscopat français n'a pas craint de déclarer, du haut de la tribune nationale, que "les " guerres *entreprises* pour appuyer les protestations solen-

" nelles de la conscience sont *nécessaires*," qu'on permette à un humble laïque de rappeler au belliqueux prélat que Jésus, à-propos de Pierre lui-même, qui cependant faisait acte de légitime défense autant que de sentiment, a dit ces propres paroles : " Celui qui se sert de l'épée périra par l'épée."

Les prédications et les discours de nos prêtres du jour, qui seraient moins patriotes et moins animés contre le roi de Prusse, quoique Protestant, s'il avait voulu · prendre en croupe le comte de Chambord pour en faire un Roy de France, ne font guère écho à cette sage maxime, vérifiée dans tous les conquérants célèbres ; mais elle vient à point pour terminer cette épître, et constater une fois de plus le désaccord qui existe entre le Maître et ses prétendus disciples, entre la religion de Jésus et celle des prêtres, entre le Dieu de la raison et le Dieu de la folie.

.... Octobre 1871.

II.

LA RÉPUBLIQUE ET LE SUFFRAGE UNIVERSEL

*La République est toujours
de droit, lors même qu'elle
n'existe pas de fait.*

Un bien grand fardeau a été jeté sur les épaules de l'homme : c'est celui de la responsabilité.

Qu'il ne s'en plaigne pas.

C'est avec ce fait très-simple, mais aussi d'une incontestable évidence, qu'il peut revendiquer tous les droits.

L'homme, en effet, ne peut être responsable que s'il est libre, c'est-à-dire souverain.

L'option suppose le jugement, comme celui-ci implique la Raison — cette résultante rigoureuse de tous les phénomènes de la conscience et qui trône au sommet du monde intellectuel et moral comme le soleil au centre du système planétaire.

Si l'homme vivait solitaire, ce serait peut-être une question de savoir s'il a des devoirs envers lui-même. Vivant en société, il en a assurément envers ses semblables.

Il est facile de définir ces devoirs.

Ils consistent tout simplement à accorder à autrui ce qu'on revendique pour soi-même. La réciprocité des rapports est un sûr garant de leur moralité. Les relations civiles et politiques ne sauraient s'établir et se perpétuer sans cette reconnaissance fondamentale ; et c'est ici que l'immortelle devise de la Révolution Française surgit d'une manière lumineuse du fond même de la question.

Après bien des luttes infructueuses et trop souvent sanglantes, le cri *Egalité!* fit enfin écho au cri de *Liberté!* et les hommes, renonçant à la coupable tentative de vouloir réciproquement s'asservir, prononcèrent à l'unisson le mot de FRATERNITÉ ! — donnant ainsi une consécration et une conséquence logique aux deux autres termes de la devise, et établissant, par la fusion des libertés ou souverainetés individuelles, la liberté collective ou la souveraineté du peuple.

Il ne se trouve donc plus en présence que des hommes libres et égaux, soumis à une autorité commune, la Raison, source du droit et du devoir, de laquelle conséquemment tous leurs actes relèvent.

La grande question est de savoir si cette liberté ou souveraineté peut s'abdiquer ou s'aliéner. La difficulté est résolue d'emblée par l'impossibilité où l'homme se trouve de changer sa nature. On peut concéder qu'en tant qu'individu l'homme a la faculté d'aliéner et d'abdiquer ses droits, parce qu'il n'engage que lui-même et que son existence est limitée dans le temps. Mais il ne saurait en être de même pour l'être collectif, la Nation, qu'elle agisse directement ou par ses représentants. Le corps politique étant permanent et continu ne peut, sans prévariquer, aliéner ou abdiquer le droit même en vertu duquel il 'existe. La génération politique en exercice a pour premier devoir de transmettre intact à la génération politique qui lui succédera le dépôt qui lui a été confié. Le citoyen du lendemain, comme celui du jour, doit jouir de la plénitude de ses droits et avoir la faculté de les exercer. La nature l'a créé souverain ; la volonté aveugle ou intéressée de ses concitoyens ne peut en faire un sujet.

Il suffit d'énoncer ces principes pour y faire adhérer. Si maintenant on veut les appliquer à une forme de gouvernement, on reconnaît tout d'abord qu'ils sont réfractaires à la monarchie. Celle-ci, en effet, quoiqu'on dise et quoiqu'on fasse, a pour origine la force, la nécessité ou le choix, le hasard ou la volonté. Sa plus grande légitimité ne lui peut venir que par une abdication. Elle n'est pas la déduction logique d'un principe fondé sur un fait. Subie, acceptée ou votée aujourd'hui par une majorité d'essence temporaire, elle sera combattue, vaincue demain par une majorité contraire. Pour la maintenir, il faudra l'intervention de la force, et alors vous avez le despotisme. Issue des événements ou de la volonté, la monarchie en éprouve toutes les variations, toutes les vicissitudes: J'étais mineur lorsqu'il vous plut de faire un Roi ; je suis majeur maintenant, et je sens que vous m'avez privé de la garantie la plus précieuse contre l'arbitraire. Au lieu d'être gouverné sous l'influence d'un principe universel, je sens partout l'action d'une volonté capricieuse. Ne me trouvant pas lié par un pacte usurpateur, je me décide à recommencer la lutte, et c'en est fait une fois de plus d'une prétendue quiétude.

Telle est la lamentable histoire du passé ; si l'on suit les mêmes errements, telle sera la lamentable histoire de l'avenir. Le char de l'État a besoin d'un point d'appui pour rouler sans doute, mais il ne faut pas jeter sous ses roues un objet offrant plus que de la résistance. La monarchie n'a pas un point d'appui, c'est un obstacle. Son effet est de produire l'immobilité si l'on résigne, les catastrophes si l'on veut passer outre.

Par suite d'une telle institution, il y a dans l'État deux puissances ayant chacune leur influence inhérente et opposée. Tandis que la volonté nationale, ayant pour contrôle la raison, a une tendance invincible à satisfaire aux intérêts généraux, la volonté royale travaille — nous pouvons admettre que c'est à son insu — au profit des priviléges. Les citoyens ne comptent plus sur la justice seule, qui exige industrie et mérite ; ils espèrent en la faveur du prince, à qui il suffit de plaire pour l'obtenir. Sans insister ici sur ce point, disons en passant que c'est là le fond même de la lutte. On ne soutient pas un roi pour le seul plaisir du jeu.

L'accord tant cherché entre les intérêts du passé, du présent et ceux de l'avenir ne peut être établi que par l'application de principes reconnus et acceptés. La nécessité de la monarchie peut être un excellent argument, mais cette nécessité ne fait autorité que pour ceux qui la proclament ou l'invoquent. Cercle bien vicieux !

Mais une chose profondément illogique, c'est de tenter d'établir une souveraineté individuelle côte à côte avec la souveraineté collective, et de mettre en balance une dynastie avec une nation ; une chose dangereuse à tout le moins, c'est de confier le contrôle et l'exécution de la loi à un fonctionnaire héréditaire et irresponsable, surtout avec des conditions et des réserves qui, à un moment donné, font que la volonté d'un individu est supérieure à la volonté de tous et que le serviteur devient enfin le maître. Toutes les précautions prises à cet égard n'ont jamais empêché les désastres ou les déviations. Les plus grands talents se sont usés à la défense d'une pareille anomalie, et depuis le corruptible Mirabeau jusqu'à l'intègre M. Guizot, ils ont tous misérablement échoué. Afin qu'une institution soit légitime, et par là obtienne l'assentiment de la conscience et la soumission de la volonté, il faut qu'elle soit basée sur un dogme déduit d'un fait incontestable et d'accord avec la vérité spéculative, c'est-à-dire absolue. C'est une propriété qui manque à la monarchie et la rend à jamais vulnérable

Une autre erreur capitale, c'est de présenter le suffrage universel comme une cause alors qu'il n'est qu'un effet. Alléchés par les succès des plébiscites impériaux, les *conservateurs* veulent faire du suffrage la source du droit, tandis qu'il ne fait qu'en découler. Il n'est pas le droit, il en est l'exercice ; il est le mode par lequel chaque citoyen, en vertu d'une liberté ou d'une souveraineté qu'on n'ose plus repousser, participe à la législation qui doit le régir, soit directement, soit par délégation. Quant au droit lui-même, il est indépendant du vote et de l'opinion ; il les domine de toute la hauteur d'un principe. Où en serions-nous si le bien et le mal, le vrai et le faux dépendaient du suffrage ? Comment se diriger ? Ce serait une nouvelle forme de la force brutale, et le meilleur refuge pour les sociétés ainsi tourmentées serait encore, hélas ! le despotisme d'un seul.

Il n'en est point ainsi heureusement. La République se présente non comme un acte de la volonté, d'une préférence de la majorité, mais comme la formule logique et inévitable d'un principe qu'on ne saurait plus contester, la liberté ou souveraineté nationale, qui s'incarne ainsi non plus dans un individu pour s'y altérer ou s'y perdre, mais dans la loi, laquelle ne peut avoir qu'un but, le bien général, puisqu'elle émane de la Raison, tout à la fois la source de la justice et de l'autorité.

Sortir de l'équivoque devient plus que jamais une nécessité impérieuse. On ne saurait plus longtemps attribuer au suffrage universel une faculté qu'il n'a point : celle de créer le droit ou de le détruire. Il n'est que trop facile aux partis monarchiques d'abuser de l'ignorance de la foule pour les laisser davantage se prévaloir de cette erreur énorme. Il ne faut pas leur permettre de tuer la liberté avec les armes mêmes de la liberté. Et voici une pierre de touche qui, selon nous, démasquerait infailliblement l'ennemi : Celui qui déclare s'en remettre à la majorité des suffrages pour décider de la forme gouvernementale est un homme qui, s'il a des principes, manque de logique, ce qui n'est pas sans danger, ou, ce qui est plus probable, c'est un monarchiste n'osant affirmer son opinion et voulant tromper la bonne foi publique. La monarchie est tellement une institution d'aventure que ses partisans eux-mêmes ont l'instinct qu'elle ne peut être rétablie en France que par surprise. Ne pouvant la faire sortir d'une discussion rationnelle, ils comptent sur l'aveugle volonté du nombre pour la restaurer.

Une escarmouche eut lieu à ce sujet au sein de l'Assemblée Nationale alors qu'elle siégeait à Bordeaux.

A la déclaration faite par M. Louis Blanc que la République était au-dessus du suffrage universel, un membre de la droite, ne pouvant se contenir, exclama ironiquement :

"Ah, oui, la République de droit divin ! "

Ce membre de la Droite n'a jamais dit si vrai. Hélas, oui, il faut s'y résigner, la République est de DROIT DIVIN puisqu'elle est de *droit naturel*, et toutes les volontés du monde seront à jamais impuissantes à changer cette conclusion.   Certains aveugles réunis peuvent décider que le soleil est carré : il n'en restera pas moins sphérique pour ceux qui ont les yeux ouverts, pour quiconque a la moindre notion de la configuration des corps célestes dans l'espace.

Ainsi pour renoncer à la République il faudrait au préalable renoncer à être homme, ou du moins cesser de faire usage de l'attribut qui nous distingue des espèces pourvues seulement d'instincts. Si la liberté gêne Messieurs les royalistes, si elle est un fardeau accablant pour eux, ils n'ont qu'un droit, c'est de ne pas en user, c'est de s'abstenir. Leur aversion ou leur faiblesse ne les autorise nullement à la supprimer ou à lui donner un gardien qui la mette journellement en péril. Ils peuvent d'autant plus abdiquer sans danger pour eux que la République, ne pouvant faire de lois exceptionnelles, ni aucune distinction dans l'application de la loi générale, sauvegarderait leurs intérêts civils mieux qu'ils ne l'ont été jusqu'à ce jour par tous les expédients fortuits ou combinés du parti conservateur. La pratique absolue du droit serait une meilleure garantie de l'ordre social que sa négation ouverte ou déguisée. Les troubles, les soulèvements ont presque toujours pour cause déterminante un déni de justice persistant.

Nous sommes donc naturellement conduit à proclamer la République non plus comme l'émanation de la volonté ou comme l'effet de la préférence d'une majorité, ce qui la rendrait aussi précaire que sa rivale, mais comme la déduction logique d'un principe rationnel, la forme gouvernementale inévitable d'un droit imprescriptible. Elle a ainsi, en outre d'un caractère de légitimité qui lui assure l'autorité et commande le respect, l'immense avantage de donner satisfaction à l'esprit d'analyse et de critique, si redoutable à l'erreur. Jetez-la dans n'importe quel creuset, elle en sortira intacte. Triomphante au point de vue de la théorie, ses imperfections pratiques sont constamment réformables. Basée sur la Raison, organe même de la liberté, elle a tout à gagner et rien à craindre du développement des idées. Ayant pour elle la vérité éternelle, elle est douée d'une vertu féconde et d'une force invincible.

.....................Octobre 1872.

III.

CONSTITUTION POLITIQUE.

Une " évolution " dans l'ordre est
toujours un progrès. Il faut beaucoup de temps à une " révolution "
pour perdre le caractère d'une
catastrophe.

Les partis représentatifs français sont en présence et
s'observent. Ils montrent de l'hésitation à se prononcer sur
la grande question d'organisation politique. C'est un motif
pour chacun de contribuer à une solution en apportant son
idée. Sans plus de préambule, voici la nôtre.

Il faudrait enfin renoncer aux fictions traditionnelles et
accepter la vie avec ses conditions sérieuses, ses règles
sévères. Ce qui fait vivre, c'est le travail ; ce qui fait
prospérer, c'est l'ordre ; ce qui fait le caractère, c'est la
moralité, c'est-à-dire le respect d'autrui et surtout de soi.
Voilà les devoirs nécessaires de la vie civile et politique, de
la carrière individuelle et nationale.

Il est une vérité qui peut encore exciter de l'aversion,
mais qu'on ne conteste plus, c'est que tous les hommes sont
égaux en droit. Par suite, il incombe à chacun de participer
au gouvernement de la chose publique. La grande
difficulté est de trouver la formule pratique d'un principe
accepté.

Presque toutes les constitutions modernes supposent la
reconnaissance de ce principe, mais elles ont toutes plus ou
moins échoué dans son application, parce qu'après avoir
dégagé et reconnu les principes généraux, elles ont encore

voulu prévoir, réglementer, gérer des faits en dehors des milieux et du temps de leur production. Une constitution politique n'a trop souvent été qu'un lit de Procuste, un acte barbare ou inintelligent.

On se plaint, d'aucun se félicitent de l'indifférence du peuple en matière politique. Tout effet a une cause. La politique des parlements ou des journaux a peu d'attrait pour les masses. Des hommes sont d'abord désignés au choix des électeurs par des partisans qui ne sont pas toujours désintéressés; de leur côté, les candidats n'offrent le plus souvent pour garantie de leur conduite parlementaire que des programmes dont le style brillant supplée à l'idée absente. Une fois élus, ils se réunissent pour discuter des questions sans issue, ou se livrer à des récriminations qui ne servent jamais l'intérêt public dont elles sont le prétexte. Le talent oratoire développé dans ces luttes peut provoquer l'admiration parmi les gens d'une certaine culture intellectuelle, et qui ont des loisirs pour en jouir, mais les paysans, mais les ouvriers, qui ne sont cependant pas indifférents à la grande éloquence, se détournent après un moment d'attention, pensant que tous ces beaux discours ne touchent en rien à leurs fardeaux et à leurs besoins ; que très souvent même ils aggravent les uns et compromettent les autres.

La solution désirée se trouverait donc dans un système d'organisation politique qui reconnaîtrait et assurerait les droits de chacun, mais encore et surtout intéresserait à leur exercice tous les citoyens sans amener leur lassitude ou leur indifférence, en les faisant passer rationnellement du connu à l'inconnu. Nous croyons que le système suivant répondrait à l'exigence signalée.

Nous partons de cette donnée que la commune est partout constituée en France. Pour la démonstration en vue, nous choisissons une localité où règne la plus grande indifférence politique. Nous sommes à un jour d'élections. Les citoyens sont convoqués pour envoyer un député à l'Assemblée Nationale. Aucun paysan, aucun travailleur ne se présente au vote. Il a été également résisté aux sollicitations du curé de droite, de l'instituteur de gauche et du garde-champêtre qui tient le milieu. Ces braves gens comptent sur autrui pour remplir leurs devoirs civiques : le résultat est tellement incertain ou lointain, le candidat tellement inconnu qu'ils ne peuvent ou veulent sacrifier à cette intention même le loisir que leur fait un dimanche.

Mais ces mêmes hommes que vous voyez si apathiques en présence d'un acte de la vie politique à distance vont devenir singulièrement remuants lorsqu'ils auront à se prononcer sur un acte de la vie municipale. Ici leurs intérêts les plus chers, les plus proches, les plus patents sont en jeu. Ils se trouvent en face d'une situation qui leur est sensible. "Un maire, un conseiller à élire ! mais je puis occuper ce poste ou mon voisin ; tel et tel ne me plairaient pas. Il s'agit de parer à la sécheresse ou aux inondations ; il s'agit d'un moulin, d'un four, d'un chemin qui doit passer ici ou là ; il s'agit d'une maison d'école, d'un instituteur, d'une bibliothèque ; il s'agit de secours à accorder à des veuves, des orphelins, des infirmes ; il s'agit de fonder enfin une caisse d'émigration pour les ouvriers sans emploi, les habitants sans profession ni ressources. Nous ne voulons pas que le vagabondage et la misère prennent pied chez nous. Vite, vite, allons causer un peu de tout cela." La passion est éveillée, la lutte commence. Voilà enfin un citoyen. S'il triomphe dans son choix ou dans son opinion, il y prendra goût ; s'il est battu, cela sera bien pis ou plutôt mieux : il rêvera d'une revanche.

Nous avons atteint un premier résultat. Le suffrage universel et direct nous a donné le conseil municipal. Ses membres, en tant que citoyens de la commune, pouvaient ne rien voir de plus. Mais ils n'ont pas fait deux pas dans leur mission qu'ils sentent au delà des êtres collectifs tout semblables avec lesquels il faut entrer en relations pour régler une foule d'affaires. Dans ce but, ira-t-on déranger encore une fois des gens se complaisant à ignorer ce qui s'accomplit en dehors de leurs limites ? Cela ne serait pas logique, et ce qui n'est pas logique n'a aucune raison d'être. Nous ferons donc élire par les conseillers municipaux, pour satisfaire à ces besoins inévitables créés par le voisinage, celui d'entre eux-mêmes qu'ils croient le plus apte à représenter la commune dans le conseil de canton.

Arrivé à ce point, l'horizon est déjà un peu plus large, les intérêts moins simples. Mais de même qu'à la suite de certaines questions, on est forcément sorti de la commune pour entrer dans le canton, voilà que maintenant, toujours entraîné par les circonstances, il faut sortir du canton pour entrer dans l'arrondissement. Or quels seront les citoyens les mieux postés pour discuter magistralement ces nouveaux intérêts ? Sera-ce le votant éloigné ou indifférent de la commune, ou l'élu d'abord conseiller municipal, puis conseiller de canton ? Pour nous, il n'y a pas à hésiter, ce sera celui-ci. Et par qui le ferons-nous élire ? Par ceux encore qui ont pu l'apprécier, par les membres mêmes du conseil de canton.

Ici la commune initiale est déjà à une certaine distance. Notre élu devient grave, préoccupé. Parti d'un village, le voilà dans une ville. Mais il y est venu sollicité par des prévisions, poussé par des besoins. Il saura donc apprécier l'importance de sa fonction. Il tiendra sa place. Ses deux stations à la commune et au canton lui ont profité. Il a déjà beaucoup d'expérience, mais il comprend qu'il faut encore en acquérir, car il voit surgir à l'horizon une personnalité supérieure, le département, dans le conseil duquel il arrive, toujours porté en avant par le suffrage motivé de ses collègues.

Jusqu'à présent la gérance des intérêts administratifs ou civils a été, pour ainsi dire, sa seule préoccupation. Le département, lui, est un État dans l'État. La politique y joue un rôle, la politique intérieure s'entend. Notre conseiller s'y livre, mais avec le tact et la mesure d'un homme qui a passé par la pratique des choses. Ses facultés se développent, sa personnalité s'accentue. Le conseil de département se reconnaît avec orgueil dans ses nobles traits, et le délègue enfin pour le représenter au Conseil National, où, plein de sagesse et de magnanimité, il préside avec des collègues dignes de lui aux destinées de la République. Quelle Assemblée ! L'Univers entier se recueillerait pour l'admirer, l'acclamer et l'imiter.

Résumons :

Conseillers municipaux élus directement par tous les habitants de la commune ;

Conseillers de canton élus par et parmi les conseillers municipaux ;

Conseillers d'arrondissement élus par et parmi les conseillers de canton ;

Conseillers de département élus par et parmi les conseillers d'arrondissement ;

Députés à l'Assemblée Nationale élus par et parmi les conseillers de département ;

Chaque conseil ayant en propre les attributions de sa dénomination, —

Voilà, selon nous, le système qui donnerait une représentation réelle, fructueuse, intéressante pour les électeurs attrayante pour les élus ; un système qui mettrait d'accord la liberté avec le bon ordre ; un système qui ne tournerait pas dans le vide, pour broyer de temps à autre les imprudents s'aventurant à le mettre en motion, mais produirait tous les résultats que l'Humanité serait en droit d'attendre d'une institution qui aurait pour fondement la réalité des besoins, la vérité des faits.

Monotonie ! va-t-on s'écrier. Eh ! sans doute. Le système solaire aussi est d'une singulière monotonie. Toutes les planètes tournent dans le même sens et presque dans le même plan ; et cependant, quelle fécondité!

Utopie est un autre mot dont nous serons salué d'urgence. Utopie (*) ! Un homme comme l'abbé de Saint-Pierre rêve la paix universelle, c'est un utopiste. L'inventeur du canon rayé et du fusil à aiguille, voilà des hommes pratiques ! Eh bien !, malgré la portée extraordinaire de ces engins de mort, ils n'atteindront pas à l'avenir, qui réalisera par contre, ce qu'on caractérise aujourd'hui d'utopie.

De même pour les systèmes politiques. Les plus compliqués et les moins efficaces sont préconisés comme seuls possibles. Mais le plus dangereux système, le plus perturbateur est bien celui qui fait élire par des masses indifférentes ou troublées des députés n'ayant acquis généralement des droits aux suffrages que par des motifs entièrement étrangers à l'administration des affaires ou au gouvernement des hommes. Aussi les Assemblées issues de ce système se distinguent-elles, malgré le bruit qu'elles peuvent produire, par une impuissance presque radicale. Elles mènent presque toujours à des catastrophes au lieu de conduire à des solutions. Leur existence est légitime, mais le mode de leur formation manque de méthode. Tout est livré au hasard ; et les élus proviennent trop souvent des passions et répondent trop rarement aux besoins. Le résultat est la confusion et la déception.

Le système d'élection ici préconisé met également les masses entières en motion, il est vrai, mais c'est pour statuer sur leurs besoins rudimentaires, urgents, d'absolue nécessité ; et l'effet de leur volonté directe ne franchit pas les limites de la commune où ils se produisent. Votant sur tout en parfaite connaissance de cause, les intrigues leur feraient rarement prendre le change. Le résultat les

---

(*) Utopie! Lecteur, ne vous y trompez pas. Nous mettons ici en note ce qui devrait être en gros caractères à la tête de ces pages. Cette utopie, sauf certaines conséquences amenées forcément par la Révolution de '89, est de l'homme le plus pratique, le plus éclairé, le plus estimé du XVIIIème siècle. ELLE EST DE TURGOT.

touchant de près, elles verraient à ne point voter contre le droit commun, qui ne peut, en définitive, jamais être opposé aux intérêts particuliers.

Après la satisfaction des besoins urgents dont on ne doit laisser le soin ou le souci à personne, viennent les affaires de relation, les devoirs envers les êtres collectifs qui composent une grande nation, et dont il est expédient de confier la gérance à des délégués. Mais dans notre système à divers degrés, la délégation ne précède pas le phénomène : elle en procède, au contraire ; elle y répond : et dans le conseil de canton comme au sein de l'Assemblée Nationale, elle est sollicitée à satisfaire aux nécessités de la vie civile et politique d'une manière régulière et normale. Les conseillers à tous les degrés ne sont pas comme des médecins réunis par la routine et attendant des malades, que ceux-ci viennent ou ne viennent pas à la consultation : ils ressembleraient plutôt à des médecins appelés à donner leurs soins à telle ou telle maladie toujours déclarée et toujours décrite, tout en étant prêts, par leur science, à satisfaire à l'imprévu.

Lumière chez les électeurs, compétence dans les mandataires, mesures opportunes et efficaces, sont la base et le résultat de ce système. L'engouement pour les personnes aurait rarement lieu de se manifester. Un article de journal, un pamphlet, un plaidoyer en cour d'assises ne suffiraient pas pour envoyer de prime abord du bureau ou du barreau un écrivain ou un avocat à l'Assemblée suprême. Avant d'y arriver, il lui faudrait passer par l'utile filière des conseils communaux, cantonnaux, d'arrondissement, de département. Pendant ce stage nécessaire, l'ardent tribun, le promoteur d'une idée jugée subversive, aura tout le loisir de devenir un homme pratique. Le torrent né de l'orage ne peut manquer de se convertir, avec le temps, en un ruisseau limpide et bienfaisant.

Mais considérez ce qui arrive encore dans les Assemblées formées dans la confusion. Les hommes du plus grand

talent s'épuisent à défendre leur conduite, leurs actes
privés. La chose publique est délaissée, ou ne reçoit
qu'une attention fatiguée. Notre système mettrait fin à ce
déplorable état de choses. Si la passion, si l'intempérance
de langage pénétraient dans le conseil communal, elles n'en
sortiraient que rarement, et viendraient à coup sûr
s'éteindre dans le conseil de département ; et l'élu de ce
dernier conseil serait vraiment un homme représentatif.
L'Assemblée Nationale acquerrait alors une autorité et une
dignité dont jusqu'ici aucune réunion d'hommes n'a été
revêtue.

A ce spectacle grandiose, l'électeur primaire serait
pleinement rassuré. Il dirait, en pensant à l'un de ces
conseillers suprêmes : " Il nous connaît ; il est parti de chez
nous. Il a partagé nos joies, il a participé à nos peines. Il
sait nos sentiments pour les avoir éprouvés lui-même.
Nous avions de son temps un grave démêlé avec la commune
voisine. Par ses sages observations, ses explications conci-
liantes, il a tout pacifié. Sur le théâtre agrandi de ses
soins, je suis sûr qu'il apportera le même esprit. Il a évité
un procès ruineux à la commune, il évitera la guerre à la
nation, et mon fils restera pour le travail productif, d'où seul
naît la solide grandeur des États. »

Deux choses protégeraient efficacement ce système
évolutif contre la formation des castes gouvernantes et la
corruption : des élections rapprochées et la liberté absolue
de la presse. La publication des procès-verbaux des séances
serait de rigueur pour les réunions à tous les degrés. La
commune ou du moins l'arrondissement aurait son journal
officiel, comme le département, comme la Nation. Le
peuple connaîtrait donc ses amis et ses ennemis, et il est à
croire qu'il mettrait cette connaissance à profit le jour
d'une nouvelle élection. Etant le maître souverain du point
de départ, il conserverait infailliblement le contrôle de
l'arrivée. Après avoir fait acte d'électeur initial, il rempli-
rait les fonctions de juge définitif.

Un de ses autres effets bienfaisants serait d'assurer aux conseils publics les services des hommes les plus éminents de la Nation. Comme personne ne pourrait plus arriver aux délégations supérieures sans avoir passé par les plus humbles, la commune, entre autres, ne serait plus exposée, comme il arrive trop fréquemment aujourd'hui, à être privée du concours du talent et des connaissances. Les journaux charivariques y perdraient sans doute une source intarissable de plaisanteries, mais on se consolerait facilement de ce léger inconvénient.

La Républiqe, reposant ainsi sur une base naturelle d'évolutions procédant l'une de l'autre, deviendrait sinon inattaquable, du moins inébranlable. Les prétentions les plus extravagantes auraient à passer par quatre épreuves avant de créer un ébranlement général, un danger public. La Nation, rassurée, satisfaite, pourrait alors vaquer tranquillement à ses occupations de tous ordres, et réaliser dans un avenir très prochain les grandes destinées auxquelles ses incessantes luttes dans le passé lui donnent le droit de prétendre. On pourrait enfin examiner en toute sécurité, et sans affoler les intérêts acquis, ces deux importantes questions :

1° Le Code civil n'aurait-il pas commis une grande méprise en établissant l'égalité des enfants devant le domaine du père, sans garantir, ainsi qu'une législation sage et prévoyante eût dû le faire, l'égalité de point de départ des citoyens dans l'État ;

2° Les masses humaines doivent-elles continuer à vivre dans les souffrances et l'ignorance, et les classes dites riches à trembler d'effroi ?

Et qu'attendons-nous pour nous mettre à l'œuvre ? Sur qui comptons-nous ? sur Dieu ? Du jour où le germe de l'idée rédemptrice est ~~lancé~~, la Providence a fait sa part, et c'est à la créature qu'il appartient désormais d'agir. Ne comptons pas sur les miracles : il ne s'en fera pas. Ne comptons pas non plus sur les personnalités qui font la pluie et le beau temps ; c'est un service qui se paie trop cher. C'est à nous tous, c'est à nous-mêmes qu'incombe la tâche d'accomplir notre salut. Si nous le savons, si nous le vou ~~lons~~, dès demain, à notre réveil, la ~~réponse~~ est faite.

Il n'y a pas de raisons aux attermoiements, il n'y a que des prétextes. Les solutions de la science ne peuvent léser aucun intérêt. Si le sacrifice de telle ou telle chose est déclaré d'utilité publique, eh bien, il y aura indemnité : le droit sera satisfait. Le progrès rationnel s'accomplit sans souffrance. Il s'avance le niveau fatal et la balance en mains, il est vrai, mais aussi avec le sourire divin sur les lèvres. Son char n'écrase personne, s'il entraîne tout le monde.

Dzan de la Veletta.

.... Juin 1872.